जम के सोना , छोटे भेड़िये

గాఢంగా నిద్రపో, చిన్న తోడేలు

एक चित्र पुस्तिका दो भाषाओं में

Ulrich Renz · Barbara Brinkmann

जम के सोना , छोटे भेड़िये

గాఢంగా నిద్రపో, చిన్న తోడేలు

अनुवाद:

Ankush Gupta (हिन्दी)

Dr. Gandham Edmond Jonathan (तेलुगू)

sefa

शुभरात्रि टिम ! हम कल यह खोज जारी रखेंगे ।

जम के सो जाओ !

శుభరాత్రి, టిమ్! మనము వెదకటాన్ని రేపు కొనసాగిద్దాం.

ఇప్పుడు గాఢంగా నిద్ర పో!

बाहर पहले ही अंधेरा हो चुका है ।

ఇప్పటికే బయట బాగా చీకటి పడిపోయింది.

टिम वहां क्या कर रहा है?

టిమ్ ఏమి చేస్తున్నాడు?

वह खेल के मैदान की ओर जा रहा है ।

वह क्या खोज रहा है वहां ?

అతను ఆట స్థలానికి వెళ్ళుతున్నాడు.

అక్కడ అతను దేని కోసం చూస్తున్నాడు?

यह छोटा भेड़िया !

इसके बिना वह सो नहीं सकता ।

చిన్న తోడేలు!

అది లేకుండా అతనికి నిద్రపట్టదు.

यह कौन आ रहा है ?

ఎవరోస్తున్నారు?

मेरी ! वह अपनी गेंद खोज रही है ।

మారీ! తన బంతి వెతుక్కుంటోంది.

और टोबी क्या खोज रही है ?

మరియు టోబి తను దేని కోసం వెతుకుతున్నాడు?

उसके खोदने का यंत्र ।

తన త్రవ్వుకోలు కొరకు.

और नाला क्या खोज रही है ?

మరి నాలా దేని కోసం చూస్తోంది?

अपनी गुड़िया !

ఆమె బొమ్మ కొరకు.

क्या बच्चों को सोना नहीं है ?
बिल्ली इस गहरी सोच में है ।

పిల్లలు పడుకోవడానికి వెళ్ళాలికదా?
పిల్లికి చాలా ఆశ్చర్యంగా ఉంది.

chez Martin
7
vitrerie
9

अब कौन आ रहा है ?

ఇప్పుడెవరు వస్తున్నారూ?

टिम के माता और पिता !
वे अपने टिम के बिना सो नहीं सकते ।

టిమ్ అమ్మ, నాన్న!
వాళ్ళు టిమ్ లేకుండా పడుకోలేరు.

और लोग आ रहे हैं ! मेरी के पिता ।
टोबी के दादाजी । और नाला की माँ ।

చాలా మందే వస్తున్నారే! మారీ వాళ్ళ నాన్న.
టోబి యొక్క తాత. మరియు నాలా వాళ్ళ అమ్మ.

अब जल्दी से बिस्तर पर जाओ !

ఇప్పుడు నిద్రపోడానికి త్వరగా వెళ్ళండి అందరు!

शुभरात्रि टिम !

कल हमें और खोजना नहीं पड़ेगा ।

శుభరాత్రి, టిమ్!

రేపు మనము ఇంక వెతకనవసరం లేదు.

जम के सोना , छोटे भेड़िये !

గాఢంగా నిద్రపో, చిన్ని తోడేలు!

द इलस्ट्रेटर

Barbara Brinkmann was born in Munich in 1969 and grew up in the foothills of the Bavarian Alps. She studied architecture in Munich and is currently a research associate in the Department of Architecture at the Technical University of Munich. She also works as a freelance graphic designer, illustrator, and author.

www.bcbrinkmann.de

क्या तुम्हे ड्राइंग पसंद हैं?

यहाँ कहानी से लेकर रंग भरने तक की तस्वीरें हैं:

www.sefa-bilingual.com/coloring

आनंद लेना!

जंगली हंस

हैंस क्रिश्चियन एंडर्सन द्वारा एक परी की कहानी से अनुकूलित किया गया

► Recommended age: 4-5 and up

हैंस क्रिश्चियन एंडर्सन द्वारा „जंगली हंस“ दुनिया की सबसे लोकप्रिय परी कथाओं में से एक है। उनकी इस यह असामयिक कथा में आम जीवन के विभिन्न विषयों को शामिल किया गया है: डर, बहादुरी, प्रेम, विश्वासघात, जुदाई और पुनर्मिलन।

आपकी भाषा में उपलब्ध है?

यहां देखें:

www.sefa-bilingual.com/languages

My Most Beautiful Dream

► Reading age: 2-3 and up

Lulu can't fall asleep. All her cuddly toys are dreaming already – the shark, the elephant, the little mouse, the dragon, the kangaroo, and the lion cub. Even the bear has trouble keeping his eyes open...
Hey bear, will you take me along into your dream?
Thus begins a journey for Lulu that leads her through the dreams of her cuddly toys – and finally to her own most beautiful dream.

www.sefa-verlag.de

IT: Paul Bödeker, Freiburg, Germany

Font: Noto Sans

ISBN: 9783739920849

www.ingramcontent.com/pod-product-compliance
Lightning Source LLC
LaVergne TN
LVHW070602061026
849580LV00018B/2794